山东省地方标准

抗车辙抗疲劳高模量沥青混合料设计与施工技术规范

Specification for the design and construction of anti-rutting and anti-fatigue high modulus asphalt mixture

DB 37/T 3564—2019

主编单位：山东省交通运输厅公路局
　　　　　山东省交通科学研究院
　　　　　山东泰和公路工程有限公司
　　　　　山东华瑞道路材料技术有限公司
　　　　　山东盛天伟创道路材料科技有限公司
　　　　　日照交通发展集团有限公司
批准部门：山东省市场监督管理局
实施日期：2019 年 06 月 29 日

人民交通出版社股份有限公司

图书在版编目(CIP)数据

抗车辙抗疲劳高模量沥青混合料设计与施工技术规范/山东省交通运输厅公路局等主编. — 北京：人民交通出版社股份有限公司, 2019.11
 ISBN 978-7-114-15937-4

Ⅰ.①抗… Ⅱ.①山… Ⅲ.①沥青路面—车辙—高模量纤维—沥青拌和料—工程施工—技术规范 Ⅳ.①U416.217-65

中国版本图书馆 CIP 数据核字(2019)第 243086 号

书　　名：	抗车辙抗疲劳高模量沥青混合料设计与施工技术规范
著 作 者：	山东省交通运输厅公路局
	山东省交通科学研究院
	山东泰和公路工程有限公司
	山东华瑞道路材料技术有限公司
	山东盛天伟创道路材料科技有限公司
	日照交通发展集团有限公司
责任编辑：	黎小东　石　遥
责任校对：	张　贺
责任印制：	张　凯
出版发行：	人民交通出版社股份有限公司
地　　址：	(100011)北京市朝阳区安定门外外馆斜街 3 号
网　　址：	http://www.ccpress.com.cn
销售电话：	(010)59757973
总 经 销：	人民交通出版社股份有限公司发行部
经　　销：	各地新华书店
印　　刷：	北京市密东印刷有限公司
开　　本：	880×1230　1/16
印　　张：	1.25
字　　数：	28 千
版　　次：	2019 年 11 月　第 1 版
印　　次：	2019 年 11 月　第 1 次印刷
书　　号：	ISBN 978-7-114-15937-4
定　　价：	25.00 元

(有印刷、装订质量问题的图书，由本公司负责调换)

DB 37/T 3564—2019

目　次

前言 III
1 范围 1
2 规范性引用文件 1
3 术语和定义 1
4 符号和代号 2
5 材料 2
　5.1 一般规定 2
　5.2 沥青胶结料 2
　5.3 集料、填料 3
6 配合比设计 3
　6.1 设计原则 3
　6.2 级配设计 3
　6.3 设计要求 4
7 施工工艺 4
　7.1 一般规定 4
　7.2 施工温度 5
　7.3 混合料拌和 5
　7.4 混合料压实成型 5
8 施工控制与管理 6
　8.1 一般规定 6
　8.2 集料检验项目和频率 6
　8.3 沥青胶结料检验项目和频率 7
　8.4 沥青混合料检验项目和频率 8
附录 A（资料性附录） 抗车辙抗疲劳高模量沥青混合料马歇尔设计方法 11

I

前　言

本标准按照 GB/T 1.1—2009 给出的规则起草。

本标准由山东省交通运输厅提出并监督实施。

本标准由山东省交通运输标准化技术委员会归口。

本标准主要起草单位：山东省交通运输厅公路局、山东省交通科学研究院、山东泰和公路工程有限公司、山东华瑞道路材料技术有限公司、山东盛天伟创道路材料科技有限公司、日照交通发展集团有限公司负责起草。

本标准主要起草人：李英勇、王晓燕、朱海波、马士杰、马晓燕、韦金城、孙杰、余四新、王鹏轶、袁春建、焦鹏飞、蔡传峰、王宝同、范金成、周海防、李福起、王以财、王蕾、安平。

DB 37/T 3564—2019

抗车辙抗疲劳高模量沥青混合料设计与施工技术规范

1 范围

为规范抗车辙抗疲劳高模量沥青混合料应用,提高设计与施工技术水平,保证工程质量,制定本规范。

本规范规定了抗车辙抗疲劳高模量沥青混合料设计与施工技术规范的术语、材料、配合比设计、施工工艺、施工控制与管理。

本规范适用于各等级新建或改(扩)建公路工程沥青路面中、下面层。城市道路、机场道面、港区道路可参照执行。

抗车辙抗疲劳高模量沥青混合料应用除应符合本规范外,尚应符合国家、行业颁布的有关标准、规范的规定。

2 规范性引用文件

下列文件对于本文件的应用是必不可少的。凡是注日期的引用文件,仅注日期的版本适用于本文件。凡是不注日期的引用文件,其最新版本(包括所有的修改单)适用于本文件。

CJJ 37 城市道路工程设计规范
JTG D50 公路沥青路面设计规范
JTG E20 公路工程沥青及沥青混合料试验规程
JTG E42 公路工程集料试验规程
JTG E60 公路路基路面现场测试规程
JTG F40 公路沥青路面施工技术规范
MH 5011 民用机场沥青混合料道面施工技术规范

3 术语和定义

下列术语和定义适用于本文件。

3.1
沥青胶结料 asphalt binder
在沥青混合料中起胶结作用的沥青类材料的总称。

3.2
硬质道路沥青 hard paving bitumen
这一类沥青中的纯沥青由直接蒸馏方法产生,其针入度(温度25°)小于30(0.1mm),且满足欧洲针入度等级标准10/20、15/25、20/30的道路沥青。

3.3
改性沥青 modified asphalt
掺加橡胶、树脂、高分子聚合物、天然沥青、磨细的橡胶粉或者其他材料等外掺剂(改性剂),使沥青的流变特性得以改善的沥青胶结料。

1

3.4
高模量沥青 high modulus asphalt

应用改性工艺或采用特殊的沥青制备工艺而得到的满足高模量沥青技术指标的沥青胶结料。

3.5
高模量沥青混合料 high modulus asphalt mixture

通过采用适宜的技术,使混合料的动稳定度 DS 值(试验温度70℃)达到 3 000 次/mm 以上,且动态模量(45℃,10Hz)达到 4 000MPa 以上,疲劳寿命(15℃、10Hz,控制应变230$\mu\varepsilon$)不小于 100 万次,同时满足这些条件的沥青混合料称之为高模量沥青混合料。

3.6
动态模量 dynamic modulus

沥青混合料试件在一定试验温度和正弦加载模式下,应力和恢复应变峰值之比的绝对值,以 MPa 计。

3.7
疲劳寿命 fatigue life

沥青混合料试件在一定温度、加载频率和恒应变控制的连续偏正弦波加载模式下,其弯曲劲度模量降低到初始弯曲劲度模量50%时对应的加载循环次数,以次计。

4 符号和代号

下列符号和代号适用于本文件。

VV——空隙率;
MS——马歇尔稳定度;
FL——流值;
TSR——冻融劈裂强度比;
VMA——矿料间隙率;
VFA——沥青饱和度;
PG——美国SHRP计划中提出的沥青性能分级标准,依据沥青的路用性能进行分级;
AASHTO——美国公路与运输协会标准;
EN——欧洲标准。

5 材料

5.1 一般规定

5.1.1 材料供应商应提供质量检验单,运至现场的各种材料必须按有关要求进行试验,经评定合格方可使用。

5.1.2 原材料进入施工场地时,应登记,并签发材料验收单,验收单应包括材料来源、品种、规格、数量、使用目的、购置日期、存放地点及应注明的事项。

5.2 沥青胶结料

5.2.1 沥青胶结料应符合 JTG F40 中关于道路石油沥青及改性沥青的技术要求,并根据需要掺加添加剂。

5.2.2 采用硬质道路沥青时,技术要求参照表1的规定。

表 1 硬质道路沥青技术要求

指　　标	单　位	要　求　值	试验方法
针入度(25℃,100g,5s)	0.1mm	15~25	T 0604
软化点	℃	55~71	T 0606
运动黏度(135℃),最小值	Pa·s	600	T 0625
闪点,不小于	℃	235	T 0611
弗拉斯脆点	℃	0(+3~-8)	T 0613
薄膜烘箱老化后(RTFOT)			
质量变化,最大值	%	0.5	T 0609/T 0610
针入度比(25℃),最小值	%	55	T 0604

5.2.3 采用高模量改性沥青时,技术要求参照表2的规定。

表 2 高模量改性沥青技术要求

指　　标	单　位	要　求　值	试验方法
针入度(25℃,100g,5s)	0.1mm	25~35	T 0604
软化点,不小于	℃	70	T 0606
延度(10℃,5cm/min),不小于	cm	20	T 0605
运动黏度(175℃),不大于	Pa·s	1.0	T 0625
闪点,不小于	℃	230	T 0611
薄膜烘箱老化后(RTFOT)			
质量变化,不大于	%	实测	T 0609/T 0610
针入度比(25℃),不小于	%	70	T 0604
延度(10℃),不小于	cm	10	T 0605
PG 分级		PG82-22	

5.3 集料、填料

集料、填料应满足JTG F40的要求。

6 配合比设计

6.1 设计原则

6.1.1 抗车辙抗疲劳高模量沥青混合料的设计,应符合JTG F40中关于热拌沥青混合料配合比设计的目标配合比、生产配合比以及试拌试铺验证3个阶段,确定矿料级配及最佳沥青用量。

6.1.2 配合比设计一般采用马歇尔成型方法,也可采用欧洲标准中的旋转压实成型方法。

6.2 级配设计

抗车辙抗疲劳高模量沥青混合料级配设计参考表3的范围。

表3 混合料级配范围

方孔筛尺寸(mm)	16.0	13.2	9.5	4.75	2.36	0.6	0.3	0.075
通过百分率(%)	100	80~100	66~82	41~64	28~43	—	—	6~8

6.3 设计要求

6.3.1 抗车辙抗疲劳高模量沥青混合料配合比设计,应符合表4、表5的要求。

表4 马歇尔配合比设计技术标准

指 标	单 位	技术标准	试验方法
马歇尔击实	次	双面75	T 0702
空隙率VV,(毛体积法)	%	2~4	JTG E20(T 0705-4)
稳定度MS,不小于	kN	8	T 0709
流值FL	mm	2~4	T 0709

表5 旋转压实设计技术标准

指 标	单 位	技术标准	试验方法
旋转压实	次	100	EN 12697-31
空隙率VV,(毛体积法)	%	2~4	JTG E20(T 0705-4)

6.3.2 抗车辙抗疲劳高模量沥青混合料马歇尔设计方法参见附录A。
6.3.3 抗车辙抗疲劳高模量沥青混合料配合比检验技术要求,应符合表6的要求。

表6 抗车辙抗疲劳高模量沥青混合料配合比检验技术要求

检验项目	单 位	技术要求	试验方法
冻融劈裂试验,残留强度比TSR,不小于	%	80	T 0729
动稳定度(70℃),不小于	次/mm	3 000	T 0719
汉堡试验(20 000次)(50℃)最大变形,不大于	mm	5	AASHTO TP324-04
动态模量(45℃,10Hz),不小于	MPa	4 000	T 0738
四点弯曲疲劳试验(15℃,10Hz,230με控制应变条件下),不小于	万次	100	T 0739
低温弯曲破坏应变(-10℃),不小于	με	2 000	T 0715

7 施工工艺

7.1 一般规定

施工工艺应符合JTG F40中关于热拌沥青混合料拌和、运输、摊铺、压实成型及接缝的技术要求。

7.2 施工温度

7.2.1 抗车辙抗疲劳高模量沥青混合料路面宜在较高温度条件下施工,当气温或下卧层表面温度低于15℃时不得铺筑。施工温度参照表7执行。

表7 推荐的抗车辙抗疲劳型高模量沥青混合料施工温度表

工 序	施工温度(℃)	测量部位
沥青加热温度	170~180	沥青加热罐
集料加热温度	190~200	热料提升斗
混合料出场温度	170~185	运料车
混合料最高温度(废弃温度)	195	运料车
混合料储存温度	不低于170	运料车及储料罐
摊铺温度	不低于160	摊铺机
初压温度	不低于155	摊铺层内部
终压温度	不低于120	摊铺层内部
开放交通时路面温度	不高于50	路表

7.2.2 沥青混合料的温度应采用具有金属探测针的插入式数显温度计测量。在运料车上测量温度时,宜在车厢板侧板下方打一个小孔,并插入不小于15cm量取。碾压温度可借助金属螺丝刀在路面辅助温度计测针插入摊铺层内部测量得到。

7.3 混合料拌和

7.3.1 该沥青混合料应采用间歇式拌和机拌制。拌和能力满足施工进度要求。拌和机除尘设备应完好,达到环保要求。宜配有外掺剂添加设备。高速公路沥青混合料拌和机应至少配备6个冷料仓,5个热料仓。

7.3.2 配备足够的沥青罐(一般应大于300t,要求为6个50t卧罐组成,不得使用200t以上立罐),改性沥青罐应配备足够的强制搅拌装置,只限当天使用。

7.4 混合料压实成型

压路机应以慢而均匀的速度碾压,速度应符合表8的规定。压路机的碾压路线及碾压方向不应突然改变而导致混合料推移。碾压的长度应大体稳定,两端的折返位置应随摊铺机前进而推进,折返位置不得在相同的断面上。

表8 压路机碾压速度(单位:km/h)

压路机类型	初压		复压		终压	
	适宜	最大	适宜	最大	适宜	最大
钢轮压路机	1.5~2	3	2.5~3.5	5	2.5~3.5	5
轮胎压路机	—	—	3.5~4.5	8	4~6	8
振动压路机	1.5~2 (静压)	5 (静压)	4~5 (振动)	4~5 (振动)	2~3 (静压)	5 (静压)

8 施工控制与管理

8.1 一般规定

8.1.1 施工质量控制与管理应符合 JTG F40 中关于热拌沥青混合料施工质量管理与检查验收技术要求。

8.1.2 检验的取样试验工作应由生产单位和使用单位分别独立进行;当不具备试验条件时,可委托具有试验资质的单位进行检验。

8.2 集料检验项目和频率

8.2.1 沥青混合料生产过程中,必须对各种原材料进行抽样试验,其质量应符合设计文件要求及本规范的技术要求,如技术标准之间存在不一致,以质量要求高者为基准。

8.2.2 按表9规定的检查项目与频率,对粗集料的质量进行检验,每个检查项目的平行试验次数或一次试验的试验数必须按相关试验规程的规定执行,并以平均值评价是否合格。未列入表中的材料的检查项目和频率按材料质量要求确定。

表9 粗集料质量检验

指 标	检 验 频 率	质 量 标 准
石料压碎值(%),不大于	备料前每料源2个样品或料源变化及必要时	26
洛杉矶磨耗损失(%),不大于	备料前每料源2个样品或料源变化及必要时	28
视密度(t/m³),不小于	备料前每料源2个样品或料源变化及必要时	2.60
吸水率(%),不大于	备料前每料源2个样品或料源变化及必要时	2.0
坚固性(%),不大于	备料前每料源2个样品或料源变化及必要时	12
针片状含量(%)	每2 000m³测2个样品或料源变化及必要时	15
水洗法(小于0.075mm颗粒含量,%),不大于	每2 000m³测2个样品或料源变化及必要时	1
软石含量(%),不大于	备料前每料源2个样品或料源变化及必要时	3
与沥青的黏附性,不低于	备料前每料源2个样品或料源变化及必要时	4级
颗粒分析	每1 000m³测2个样品或料源变化及必要时	符合设计要求

注1:表列内容是在材料进场时已按"批"进行了全面检查的基础上,日常施工过程中质量检查的项目与要求。
注2:"必要时"是指施工各方任何一个部门对其质量发生怀疑,提出需要检查时,或是根据需要商定的检查频率。

8.2.3 按表10规定的检查项目与频率,对细集料的质量进行检验,每个检查项目的平行试验次数或一次试验的试验数必须按相关试验规程的规定执行,并以平均值评价是否合格。未列入表中的材料的检查项目和频率按材料质量要求确定。

表 10 细集料质量检验

指　　标	检 验 频 率	质 量 标 准
视密度(t/m^3),不小于	备料前每料源 2 个样品或料源变化及必要时	2.50
坚固性(大于0.3mm部分,%),不大于	备料前每料源 2 个样品或料源变化及必要时	12
砂当量(%),不小于	备料前每料源 2 个样品或料源变化及必要时	70
颗粒分析	每 500m^3 测 2 个样品或料源变化及必要时	符合设计要求

注1:表列内容是在材料进场时已按"批"进行了全面检查的基础上,日常施工过程中质量检查的项目与要求。
注2:"必要时"是指施工各方任何一个部门对其质量发生怀疑,提出需要检查时,或是根据需要商定的检查频率。

8.2.4 矿粉必须干燥、清洁。按表11规定的检查项目与频率,每个检查项目的平行试验次数或一次试验的试验数必须按相关试验规程的规定执行,并以平均值评价是否合格。未列入表中的材料的检查项目和频率按材料质量要求确定。

表 11 矿粉质量检验

指　　标	检 验 频 率	质 量 标 准
视密度(t/m^3),不小于	备料前每料源 2 个样品或料源变化及必要时	2.50
亲水系数,不大于	备料前每料源 2 个样品或料源变化及必要时	1
含水率(%),不大于	每 300t 测 2 个样品或料源变化及必要时	1
颗粒分析	每 500m^3 测 2 个样品或料源变化及必要时	符合设计要求

注1:表列内容是在材料进场时已按"批"进行了全面检查的基础上,日常施工过程中质量检查的项目与要求。
注2:"必要时"是指施工各方任何一个部门对其质量发生怀疑,提出需要检查时,或是根据需要商定的检查频率。

8.3 沥青胶结料检验项目和频率

8.3.1 沥青胶结料为关键材料,施工前必须对沥青性能进行整套检验。

8.3.2 各施工单位和驻地监理组工地试验室应按照表12的规定对到场复合改性沥青进行检测,并留样备检,此外,还应每 5 000t 进行一次沥青全套指标检测,每 1 000t 进行一次 PG 分级检测。

表 12 改性沥青质量检验

指　　标	检 验 频 率	质 量 标 准
针入度(25℃,100g,5s)	每车 1 次	符合本规范5.2技术要求
延度(5cm/min,10℃)	每车 1 次	符合本规范5.2技术要求
软化点(环球法)	每车 1 次	符合本规范5.2技术要求
布氏旋转黏度(135℃)	1 次/500t	符合本规范5.2技术要求
老化试验	1 次/500t	符合本规范5.2技术要求
PG 分级	1 次/1 000t	PG82-22

8.4 沥青混合料检验项目和频率

8.4.1 沥青拌和厂必须按下列步骤对沥青混合料生产过程进行质量控制,并按表13规定的项目和频率检查沥青混合料产品的质量,如实计算产品的合格率。单点检验评价方法应符合相关试验规程的试样平行试验的下列要求：

　　a) 观察料堆和皮带输送机各种材料的质量和均匀性,检查泥块及超粒径碎石,检查冷料仓有无串仓。目测混合料拌和是否均匀、有无花白料、油石比是否合适,检查集料和混合料的离析情况。
　　b) 检查控制室各项设定参数、显示屏的示值,核对计算机采集和打印记录的数据与显示值是否一致。进行沥青混合料生产过程的在线监测、总量检验。进行沥青混合料动态管理。
　　c) 检测沥青混合料的材料加热温度、混合料出厂温度,取样抽提、筛分检测混合料的矿料级配、油石比。抽提筛分应至少检查0.075mm、2.36mm、4.75mm、公称最大粒径及中间粒径等5个筛孔的通过率。
　　d) 取样成型试件进行马歇尔或者旋转压实试验,测定空隙率、稳定度、流值、VMA,计算合格率。对VFA指标可只作记录。沥青混合料存放时间对体积指标有一定影响,施工质量检验的旋转压实试验以拌和厂取样后立即成型的试件为准,但成型温度和试件高度必须符合试验要求。

表13 检验的频率和质量要求

项　目		检查频率及单点检验评价方法	质量要求或允许偏差	试 验 方 法
混合料外观		随时	观察集料粗细、均匀性、离析、油石比、色泽、冒烟、有无花白料、油团等各种现象	目测
拌和温度	沥青、集料的加热温度	逐盘检测评定	符合本规范规定	传感器自动检测、显示并打印
	混合料出厂温度	逐盘检测评定	符合本规范规定	出厂时逐车按T 0981人工检测
		逐盘测量记录,每天取平均值评定	符合本规范规定	传感器自动检测、显示并打印
矿料级配（筛孔）（%）	0.075mm	逐盘在线检测	±1.5	计算机采集数据计算
	≤2.36mm		±4	
	≥4.75mm		±5	
	0.075mm	逐盘检查,每天汇总1次取平均值评定	±1	总量检验
	≤2.36mm		±2	
	≥4.75mm		±2	
	0.075mm	每台拌和机每天1次~2次,以2个试样的平均值评定	±1.5	T 0725抽提筛分与标准级配比较的差
	≤2.36mm		±4	
	≥4.75mm		±5	

表 13 检验的频率和质量要求(续)

项 目	检查频率及单点检验评价方法	质量要求或允许偏差	试 验 方 法
沥青用量(油石比)(%)	逐盘在线监测	±0.3	计算机采集数据计算
	逐盘检查,每天汇总1次取平均值评定	±0.1	总量检验
	每台拌和机每天1次~2次,以2个试样的平均值评定	±0.2	抽提 T 0722,T 0721
马歇尔试验、空隙率、稳定度、流值、VMA	每台拌和机每天1次~2次,以6个试件的平均值评定	符合本规范规定	T 0702、T 0709
水稳定性(冻融)	必要时(试件数同马歇尔试验)	符合本规范规定	T 283
车辙试验	必要时(以3个试件的平均值评定)	符合本规范规定	T 0719(70℃)

注1:单点检验是指试验结果以一组试验结果的报告值为一个测点的评价依据,一组试验(如马歇尔试验、车辙试验)有多个试样时,报告值的取用按 JTG E20 的规定执行。
注2:对高速公路,矿料级配和油石比必须进行总量检验和抽提筛分的双重检验控制,互相校核。油石比抽提试验应事先进行空白试验标定,提高测试数据的准确度。

8.4.2 沥青路面铺筑过程中必须随时对铺筑质量进行检查,质量检查的内容、频率、允许差应符合表14的规定。

表 14 沥青混合料路面施工过程中工程质量的控制标准

项 目		检查频率及单点检验评价方法	质量要求或允许偏差	试 验 方 法
外观		随时	表面平整密实,不得有明显轮迹、裂缝、推挤、油汀、油包等缺陷,且无明显离析	目测
接缝(mm)		随时	—	
		逐条缝检测评定	3	T 0931
施工温度	摊铺温度	逐车检测评定	符合本规范要求	T 0931
	碾压温度	随时	符合本规范要求	T 0981
厚度(mm)	每一层次	随时 厚度50mm以下 厚度50mm以上	设计值的5% 设计值的8%	施工时插入法量测松铺厚度及压实厚度
	每一层次	1个台班区段的平均值 厚度50mm以下 厚度50mm以上	−3 −5	总量检验
	总厚度	每2 000m²一点单点评定	设计值的−5%	T 0912

表14 沥青混合料路面施工过程中工程质量的控制标准(续)

项　目		检查频率及单点检验评价方法	质量要求或允许偏差	试　验　方　法
压实度(%)		每2 000m² 检查1组,逐个试件评定并计算平均值	试验室标准密度的99.5	T 0924
平整度(标准差)(mm)		连续测定	0.7	T 0932
宽度(mm)	有侧石	检测每个断面	±20	T 0911
	无侧石	检测每个断面	不小于设计宽度	T 0911
纵断面高程(mm)		检测每个断面	±10	T 0911
横坡度(%)		检测每个断面	±0.3	T 0911
沥青层层面上的渗水系数 min/mL,不大于		每1km不少于3点,每点3处取平均值	50	T 0917
汉堡试验(mm)		每幅每1.5km取样1个	≤5	AASHTO TP324-04

8.4.3 沥青路面的压实度采取重点对碾压工艺进行过程控制,适度钻孔抽检压实度的方法:
   a) 碾压工艺的控制包括压路机的配置(台数、吨位及机型)、排列碾压方式、压路机与摊铺机的距离、碾压温度、碾压速度、压路机洒水(雾化)情况、碾压段长度、掉头方式等。
   b) 碾压过程中可采用核子密度仪等无破损检测设备进行压实密度过程控制,测点随机选择,一组不小于13点,取平均值。
   c) 在路面完全冷却后,随机选点钻孔取样,如一次钻孔同时有多层沥青层时需用切割机切割,待试件充分干燥后(在第二天之后),分别测定密度,并以合格率低的作为评定结果。
   d) 测试压实度的一组数据至少为3个钻孔试件,当一组检测的合格率小于60%,或平均值小于要求的压实度时,可增加一倍检测点数。如6个测点的合格率小于60%,或平均值仍然达不到压实度要求时,允许再增加一倍检测点数,要求其合格率大于60%,且平均值达到规定的压实度要求(注意记录所有数据不得遗弃)。如仍然不能满足要求,应进行返工。施工过程中的钻孔试件应予以保存。

8.4.4 压实成型的路面应按规定的方法随机选点检测渗水情况。

8.4.5 施工过程中应随时对路面进行外观(色泽、油膜厚度、表面空隙)评定,尤其应防止粗细集料的离析和混合料温度不均,造成路面局部渗水严重或压实不足,形成隐患。如果确实该路段严重离析、渗水,且经两次补充钻孔仍不能达到压实度要求,确属施工质量差的,应予铣刨或局部挖补,返工重铺。

8.4.6 施工过程中必须随时用3m直尺检测接缝及构造物连接处的平整度,正常路段的平整度采用连续式平整度仪测定。

8.4.7 利用计算机实行动态质量管理,并计算平均值、极差、标准差及变异系数以及各项指标的合格率。

8.4.8 公路施工的关键工序或重要部位宜拍摄照片或进行录像,作为实态记录及保存资料的一部分。

附 录 A
（资料性附录）
抗车辙抗疲劳高模量沥青混合料马歇尔设计方法

A.1 一般规定

除本方法另有规定外，应遵照 JTG F40 附录 B"热拌沥青混合料配合比设计方法"的规定执行。

A.2 材料选择

用于配合比设计的各种材料应符合本规范第 5 章的要求。

A.3 设计矿料级配和沥青用量的确定

A.3.1 设计矿料级配的确定：
a) 设计级配宜直接采用本规范 6.2 规定的矿料级配范围；
b) 在充分参考同类工程经验的基础上，在级配范围内调整各种矿料比例，设计 3 组不同粗细矿料的初试级配，3 组级配的粗集料骨架分界筛孔的通过率处于级配范围的中值、中值 ±3% 附近。

A.3.2 对每一组初选的矿料级配，初试沥青胶结料用量通过丰度系数 K 控制，要求丰度系数 $K > 3.4$，K 根据下式计算：

$$K = \frac{TL_{ext}}{\alpha \sqrt[5]{\Sigma}} \quad (A.1)$$

$$100\Sigma = 0.25G + 2.3S + 12s + 135f \quad (A.2)$$

$$\alpha = 2.65/\rho_G \quad (A.3)$$

式中：TL_{ext}——油石比（沥青质量与矿料质量之比），%；

G——粒径大于 9.5mm 的集料占总的集料的百分率，%；

S——粒径在 0.3mm～9.5mm 之间的集料占总集料的百分率，%；

s——粒径在 0.075mm～0.3mm 之间的集料占总集料的百分率，%；

f——粒径小于 0.075mm 的集料占总的集料的百分率，%；

ρ_G——集料的有效密度，g/m^3。

A.3.3 制作马歇尔试件，马歇尔击实次数为双面 75 次，一组马歇尔试件个数不得少于 4 个～6 个，试件的毛体积相对密度用表干法测定，根据空隙率要求确定混合料的矿料级配和沥青用量。

A.4 配合比设计性能验证

根据选用的级配和沥青用量拌和沥青混合料，分别进行马歇尔试验、冻融劈裂试验、车辙试验、汉堡试验、动态模量试验、四点弯曲疲劳试验以及低温弯曲试验，各项指标应符合本规范 6.3 规定的技术要求，空隙率与期望的空隙率的差值不宜超过 ±1%。如不符合要求，应重新调整沥青用量拌和沥青混合料进行试验，直至符合要求为止。

A.5 配合比设计报告

如各项指标均符合要求，即配合比设计已完成，出具配合比设计报告。